LA POLITIQUE

ET

LA RELIGION,

OU

LE PAYSAN ARBITRE.

IMPRIMERIE DE DAVID,
Boulevard Poissonnière, n° 6.

LA POLITIQUE

ET

LA RELIGION,

OU

LE PAYSAN ARBITRE.

LETTRE A UN PARISIEN.

Par M. G. V.

PRIX : **1** FR.

PARIS.

CHEZ LEVAVASSEUR, LIBRAIRE,
AU PALAIS ROYAL.

1829

LA POLITIQUE ET LA RELIGION,

ou

LE PAYSAN ARBITRE.

LETTRE A UN PARISIEN.

Monsieur,

Je me nomme Jean-Louis. Je ne suis ni éligible ni électeur, puisque je ne paie que deux francs cinquante-cinq centimes d'impositions. Je cultive la terre pour vivre, et on m'appelle un misérable; si je la ravageais, je serais un héros : c'est ainsi que les noms changent suivant les métiers qu'on exerce.

J'aime beaucoup à entendre prêcher, et je cours à un sermon, comme on dit que vous autres Parisiens, vous courez à une première représentation.

Pour satisfaire mon goût, je quittai mon village dimanche dernier, et j'allai à la ville voisine entendre notre nouvel évêque. Il fit un sermon superbe. Tout le monde pleurait, tout le monde était attendri : grands, petits, jeunes, vieux, pauvres et riches, l'émotion était générale. Le sujet du discours de Monseigneur était *le mépris des richesses*. Il nous prouva que les biens engendraient l'avarice et l'orgueil ; qu'ils faisaient naître les passions les plus honteuses et les plus condamnables ; il nous démontra que la vertu repoussait les richesses sur la terre, afin de conserver toute sa pureté et de mériter pour l'autre monde des trésors bien plus précieux. Il nous cita Notre-Seigneur, né dans une étable, vivant avec les pauvres, refusant les riches pour l'accompagner, et dédaignant toujours et l'or et les grandeurs ; il nous rappela les apôtres imitant leur Sauveur et leur maître, tous les saints, tous les martyrs et tous ces grands hommes, l'honneur du monde chrétien, qui tous brillèrent par leurs vertus et non par leurs richesses. J'étais enchanté, et plus j'entendais Monseigneur, et plus j'étais fier d'être pauvre, puisque cet état me promettait pour l'autre monde des biens infinis, m'exemptait dans celui-ci de tous les vices qui sont attachés aux richesses, et me donnait droit à une partie des éloges dont il venait d'honorer la mémoire de ceux qui avaient vécu dans l'indigence.

Je revins donc chez moi l'âme heureuse et le cœur dans la joie. En arrivant, je trouvai mes voisins rassemblés et écoutant la lecture du *Moniteur*. On en était au discours d'un député qui prouvait, que plus les gens étaient riches, et plus ils offraient de garanties et de sécurité ; que la politique, la raison, la justice et la morale conseillaient également de leur confier le dépôt de l'autorité, comme aux personnes les plus dignes d'en être revêtues.

J'écoutais ce discours avec une peine extrême, et plus d'une fois j'envoyai l'orateur, non pas au diable, mais au sermon de Monseigneur. Cet homme, me disais-je, à coup sûr n'a pas de religion, et ne va jamais à la messe ; car s'il n'en était pas ainsi, il parlerait autrement.

Le discours de l'honorable député et le sermon de Monseigneur me trottaient par la tête, et je ne savais comment les arranger ensemble, puisqu'ils prêchaient des doctrines opposées ; nécessairement l'un d'eux était dans l'erreur. Cependant, après un moment de réflexion, je ne balançai pas à donner tort au député, et voici mon raisonnement : la religion est ce qu'il y a de plus respectable et de plus sacré ; tout, auprès d'elle, n'est qu'erreur, et son langage seul est celui de la justice et de la vérité ; donc tout ce qu'elle commande ne peut être que bon à faire, et toute doctrine qui lui est contraire est une erreur ; donc l'honorable député ne sait ce qu'il dit. D'un autre côté, le gouvernement, nous ramenant chaque jour aux principes religieux que la révolution avait affaiblis ou fait disparaître entièrement, se trouve donc insulté par un tel discours, donc l'honorable député doit être rappelé à l'ordre ; donc le sermon de Monseigneur doit être observé, puisqu'il est conforme à la fois et à la parole de Dieu et au système que nous suivons maintenant.

J'en étais là de mes réflexions, lorsque M. Bouffi, maire de notre village, m'envoya chercher. Il s'agissait d'une discussion assez vive qui s'était élevée entre lui et ses amis au sujet de la nouvelle loi des élections. M. Bouffi, qui possède 40,000 livres de rentes, prenait, comme de raison, le parti des grands propriétaires. Après avoir bien crié, bien disputé, chacun garda, encore comme de raison, l'opinion qu'il avait auparavant. Cependant on voulait obtenir un résultat, et M. Bouffi proposa de choisir dans le village l'homme le plus simple et le plus borné, afin qu'il fût sans passion, sans partialité et de s'en rapporter à son jugement. La proposition fut acceptée, et j'eus l'honneur d'être choisi pour juge. Pendant que ces messieurs étaient encore à table, on m'introduisit dans une grande pièce qu'ils appellent un salon, et qui ressemble à une chapelle, tant elle est bien décorée.

J'étais déjà entré une fois dans cette belle chambre, et je me rappelle encore les images que j'avais eu tant de plaisir à y regarder, et que je me proposais de contempler de nouveau ; mais quand je fus pour aller voir celle qui représentait des soldats montant des canons sur une grande montagne couverte de neige, je trouvai à la place des hommes qui descendaient le bon Dieu de sa croix. Quand je crus voir un enfant qui avait un aigle à ses pieds, j'aperçus un petit-Saint-Jean qui tenait un mouton dans ses bras. A la place d'un homme tout rond, qui avait les mains derrière le dos, un petit chapeau à trois cornes sur la tête, et qui regardait passer des soldats, je vis un grand homme sec, pâle, le regard sombre, les mains croisées sur la poitrine, la tête couverte d'un énorme chapeau rond, faisant défiler devant lui des hommes et des femmes marchant les pieds nuds, la corde au cou, et portant un crucifix trois fois gros comme celui de notre village.

Je ne pouvais pas revenir de ma surprise de voir toutes ces métamorphoses, lorsque M. Lafleur, le domestique de M. Bouffi, entra. Je ne suis pas fier, je parle volontiers à tout le monde, et je demandai à M. Lafleur, pourquoi on avait enlevé les images que j'avais vu autrefois, et qui me paraissaient bien plus gaies que celles que je remarquais aujourd'hui. Il me regarda en face, haussa les épaules, et me dit : « Imbécille, les images dont tu parles, et qu'on appelle des gravures, étaient de mode à l'époque où tu les vis ; aujourd'hui, ce sont des objets séditieux ; ils doivent disparaître pour faire place à d'autres, et si ceux-ci changaient de mode, nous les changerions également. »—« Vous m'étonnez, M. Lafleur, je croyais qu'on tenait à quelque chose dans le monde ? » — « On y tient aussi, me répondit-il. Nous avons quarante mille livres de rentes, des titres et des rubans de toutes les couleurs , et nous augmenterons encore tout cela ,

Si le bon Dieu nous prête vie.

Nous en étions-là de notre conversation , lorsque M. Bouffi entra avec toute sa société. Il me présenta à elle , fit mon éloge , en assurant que j'étais l'homme le plus bête , non-seulement de sa commune , mais encore de tout le département, et qu'on ne pouvait pas faire un meilleur choix. Je remerciai beaucoup M. Bouffi de la bonne opinion qu'il avait de moi , et je l'assurai que je ferais tous mes efforts pour justifier sa confiance.

On me fit asseoir sur une belle chaise en velours , et on me recommanda de bien écouter tout ce qu'on allait dire , afin de donner mon avis et de prononcer le jugement. J'écoutai pendant deux heures des discours auxquels je ne compris rien , et qui cependant devaient être fort beaux , si j'en juge par l'air de satisfaction de ceux qui les prononçaient. M. Bouffi lui-même en applaudissait quelques-uns à chaque instant , d'où je conclus encore que les personnes qui les avaient prononcés étaient. de son opinion. On conçoit qu'il est fort ennuyeux d'écouter des gens que l'on ne comprend pas , aussi je m'avisai , pour faire passer le temps , de rappeler dans ma mémoire la vie de chacun des personnages qui avait la parole , afin de tâcher de deviner par ce moyen ce qu'il avait voulu dire. Le premier, Monsieur le comte de ***, quitta notre village pour se soustraire à des créanciers importuns , qui , sans respect pour son rang , voulaient le traiter en roturier. Il fut chercher loin de cette canaille un repos qu'il ne trouvait plus chez lui, et leur abandonna ses biens, qui se composaient d'un château tombant en ruines, et d'un colombier désert de pigeons. Pendant son absence, il fut inscrit sur la liste des émigrés, mais on se dispensa de mettre le séquestre sur ses propriétés.

Au bout de quelques années, il revint en France, ayant quitté l'Angleterre par le même motif qui l'avait forcé d'y chercher un asile. A son retour, il voulut vendre quelques droits seigneuriaux et quelques vieux contrats armoriés qu'il possédait encore. Mais voyant que la mode en était passée, et qu'on ne lui tenait aucun compte de ce qu'avaient fait ses aïeux, il se détermina à être quelque chose par lui-même. Il ne fut embarrassé que dans le choix de ce qu'il devait faire, car, en sa qualité de gentilhomme, il se croyait propre à tout. Après un sérieux examen, il se décida enfin pour l'état de poète. On assure que ce métier-là ne conduit pas à la fortune, cependant il lui réussit. Il taille donc ses plumes, se met à l'ouvrage, célèbre les beaux jours de la république, et chante les douceurs de la liberté. Le gouvernement d'alors fut flatté de l'hommage que lui rendait M. le comte de ***, et pour récompenser son civisme et son talent, on lui accorda une place dans les fourrages; c'était peu de chose sans doute pour le descendant d'un homme qui avait assisté en personne à la guerre des Croisades, mais encore, avec une telle place, on ne meurt pas de faim. M. le comte de ***, encouragé par un tel succès, dressait ses états d'une main, et faisait des vers de l'autre. Il paraît que ces vers étaient très-bien faits, car tous les gens en place auxquels il les dédiait en étaient enchantés. Il avança rapidement, et obtint un emploi supérieur. Pour comble de bonheur, une vieille dame de ses parentes, qui s'était brouillée avec lui dans le temps qu'il était mauvais sujet, ayant appris qu'il avait émigré pour servir la bonne cause, lui légua sa fortune en mourant, pour le récompenser de son généreux dévouement, à condition toutefois, que si l'ancien régime revenait, il ferait transporter son cercueil dans le chœur de l'église, et placerait les armes de sa maison sur sa tombe. M. le comte s'empara de l'héritage, en attendant le jour de la translation, et fit dire une messe pour le repos de l'âme d'une parente qui savait si bien choisir ses héritiers. A cette époque, les gouvernemens se succédaient rapidement, mais l'esprit fertile de M. le comte ne le laissait jamais en défaut, et il trouvait toujours dans sa muse féconde le moyen de faire l'éloge du moment, aux dépens de ce qu'il avait encensé la veille. Au milieu de tout cela, ses affaires prospéraient à vue d'œil, et sa fortune s'arrondissait. M. le comte de *** avait tellement abjuré les préjugés de la naissance, qu'il changea jusqu'à son nom, et se fit appeler le citoyen Le Rond. Pour prouver que sa conversion était sincère, et combien il mettait de différence entre le gentilhomme et le citoyen, il poussa le patriotisme au point de ne pas vouloir entendre parler des créanciers du ci-devant noble. De culbute en culbute, de constitution en constitution, nous arrivâmes à l'empire. Le citoyen Le Rond, toujours philosophe, et se conformant aux idées de son siècle, reprit son ancien nom, et reçut le titre de baron. Peut-être aurait-il préféré celui de comte; mais à tout prendre, il crut qu'un baron de l'empire valait au moins un comte de l'ancien régime. Peu de temps après, il fut fait chambellan, et gagna la croix dans l'exercice de ses fonctions. Il aurait gagné autre chose sans doute, si son maître eût régné plus long-temps, car il lui fut toujours dévoué, tant qu'il fut heureux. La dynastie de nos rois reparut en France, et un Bourbon occupa de nouveau le trône de ses ancêtres. Le citoyen Le Rond, ci-devant baron de l'empire, redevint M. le comte de ***; il ne manqua pas alors de faire valoir ses titres à la bienveillance du nouveau gouvernement. Plusieurs années de proscription et d'exil consacrées au service de son roi légitime, la perte de ses biens, la dévastation de son château par les Vandales de 93, et son dévouement sans bornes en 1814, le jour de l'entrée des alliés dans la capitale. Ces services étaient sans doute trop grands pour ne pas les reconnaître, aussi M. le comte de *** obtint-il des récompenses, des éloges et des espérances.

D'après l'histoire de la vie de M. le comte de ***, je crus pouvoir conclure que son discours avait voulu dire : La fidélité et le dévouement ne peuvent se trouver que parmi nous, car, possédant tout, nous ne désirons rien. La gloire de nos aïeux nous suffit, nous n'en cherchons point de nouvelle ; par conséquent, nous sommes moins turbulens que ceux qui veulent en acquérir. Nous sommes donc les protecteurs nés, les gardiens naturels de la stabilité des gouvernemens, et dans tout État bien organisé, on doit toujours nous donner la préférence.

Celui qui succéda à M. le comte de ***, fut le général D***, fils d'un laboureur, tellement honnête homme, que son nom était devenu dans son pays un proverbe de probité. M. D*** partit comme volontaire au commencement de la révolution, à cette époque où l'amour de la patrie était le moteur de toutes les actions, où la gloire seule guidait les pas de nos premiers héros, où des blessures, des lauriers et des actions d'éclat suffisaient à leur valeur modeste, et leur servaient à la fois de distinctions, de titres et de récompenses. M. D***, le père, fut dénoncé dans le temps de la terreur pour avoir donné asile à deux prêtres proscrits. Après avoir langui plusieurs mois au fond d'une prison, il porta sa tête sur l'échafaud. La nouvelle en arriva à son fils le jour même où il fut nommé capitaine sur le champ de bataille, pour une action d'éclat. Cette nouvelle déchira son âme et navra son cœur. Mais, au lieu de tourner ses armes contre sa patrie, il vengea sur les ennemis la mort de son père, et moissonna de nouveaux lauriers pour en orner sa tombe. A force de bravoure et de talens, il devint général. Les honneurs et les dignités ne changèrent point ses sentimens. Toujours modeste, il n'aimait à paraître que les jours de danger; et c'est là seulement qu'il briguait la première place. Il assista à la dernière bataille; il n'y fut pas plus brave qu'à l'ordinaire, c'était impossible : couvert de gloire et de blessures, il resta sur le champ de bataille, au pouvoir de l'ennemi, fier d'un si beau trophée, et reçut chez eux les secours et les égards que l'on doit au courage et à la vertu. Mais, tandis que son nom inspirait le respect et la vénération chez l'étranger, il était inscrit en France sur une liste de mort et de proscription. Sa grande âme n'en fut point révoltée; et, loin de murmurer d'une pareille rigueur, il offrit à sa patrie le sang qui lui restait encore, et vint placer sa tête sous le glaive d'une loi injuste, plutôt que de s'affranchir de son pouvoir. Il fut sauvé, et la patrie reconnaissante remercia ses juges.

Le discours du général D*** ayant été très-court et très-naturel, je compris facilement qu'il avait voulu dire : Ne formez aucune cathégorie; prenez la vertu partout où elle se trouve; n'excluez et ne favorisez aucune classe, afin que l'orgueil ne soit pas le partage de l'une, et le découragement le sort de l'autre; détruisez les rivalités des corporations, et faites naître l'émulation individuelle, en excitant l'amour du bien public dans tous les cœurs, et le désir de se distinguer par des actions utiles et honorables. Ne choisissez pas tel personnage, parce qu'il est riche ou parce qu'il est noble, mais parce qu'il a des talens, du courage, de l'énergie, qu'il a une grande délicatesse, une probité sévère, et qu'il vous a donné, dans plusieurs circonstances, des preuves et des garanties de l'une et de l'autre.

Tout le monde parla chacun à son tour, et concluait à l'adoption de son opinion, comme étant la plus saine et la plus raisonnable. M. Bouffi se réserva pour la fin; soit politesse ou orgueil, il ne voulut jamais parler que le dernier; il dit sans doute de belles choses, car il était tout fier en les prononçant: il en dit aussi probablement de fort drôles, car chacun se pinçait les lèvres pour ne pas rire, et faisait mille efforts pour conserver son sérieux.

Pour moi, qu'il regardait toujours en gesticulant comme un homme fâché, je ne comprenais rien à tout ce qu'il disait: immobile devant lui, le regard fixe, l'oreille au guet, la bouche béante, l'air hébété, qu'il prenait sans doute pour l'extase du ravissement, je tâchais de deviner ce qu'il voulait m'expliquer, et je faisais mille efforts sans y pouvoir parvenir; mais mon plus grand tourment était de lutter contre une envie de dormir que je n'avais jamais éprouvé de ma vie avec autant de force, et qui augmentait encore à mesure qu'il parlait; heureusement il s'arrêta, et je commençai à respirer. Après un moment de silence, il se tourna de nouveau vers moi, et me dit : Jean-Louis, tu as entendu ce que chacun de nous a dit pour défendre sa cause, il te reste maintenant à prononcer ; mais afin que tu sois moins embarrassé sur la question, je vais l'exposer tout simplement à ton intelligence bornée : si tu avais un dépôt d'argent à confier à quelqu'un, ne choisirais-tu pas de préférence un homme riche, et ne crois-tu pas que les gens riches sont les gens les plus honnêtes et ceux qui t'inspirent le plus de confiance? Réponds sans crainte, oublie un instant que je suis ton maître et ton bienfaiteur, que c'est à moi à qui tu dois ton existence, puisque c'est moi qui te fais travailler; ne rappelle pas tous les dons que je t'ai faits, ne songe pas à ceux que je pourrais te faire encore; parle suivant ta conscience et juge nous. En achevant ces mots, il s'assied et moi je me lève. Combien je regrettai alors de ne pas me rappeler le sermon de Monseigneur. Cependant j'en avais retenu un passage, et je ne doutai pas qu'il ne fût très-propre à la circonstance. Je crus aussi qu'en le prononçant du même ton et avec la même force de voix que je l'avais entendu faire, je produirais sur mon auditoire le même effet que l'évêque avait produit sur le sien. Je tousse donc, je crache et je me mouche, car c'est ainsi que ces messieurs avaient fait avant de parler, et je commence alors d'une voix forte et en remuant les bras : « Vous, qui possédez des richesses, qui êtes-« vous? Les esclaves de vos passions, auxquelles « vous vous livrez sans pudeur et sans retenue. « Dépositaires infidèles des biens de la terre, quel « usage en faites-vous? Votre frère est dans le be-« soin, il vous implore, et vous tournez la tête.

« L'innocence et la beauté à genoux réclament votre
« appui, sollicitent vos secours, et pour prix de leur
« confiance, de leur vertu, de leur noble indigence,
« vous leur offrez le déshonneur! Vous vous croyez
« au-dessus du malheureux, auquel vous n'accor-
« dez qu'un faible salaire pour prix de ses sueurs et
« de ses travaux; il est mille fois plus respectable et
« plus noble que vous; il cultive la terre, et vous
« la surchargez. O douce fraternité! ô égalité
« sainte! revenez parmi nous, faites... » Je ne pus
pas en dire davantage : M. Bouffi, enflé de colère
comme un auteur sifflé, s'élance sur moi, et me
poussant à la porte par les épaules, me dit : « Ah! tu
tiens des propos séditieux; tu oses invoquer l'égalité en présence d'un magistrat! Sors d'ici, misérable, tu es un jacobin, un révolutionnaire, tu as l'esprit gâté par les nouvelles doctrines; je te défends
de reparaître à mes yeux, et jamais tu ne travaille-
ras pour moi. » Je vous le demande, monsieur, est-ce
de cette manière qu'on peut me convaincre que les
gens riches sont honnêtes? C'est ainsi que je fus mis
dehors de la chambre aux métamorphoses. Je per-
dis ma dignité sans regret, persuadé qu'il vaut
mieux cultiver la terre, que d'occuper des places
sous des gens qui veulent avoir raison sous peine de
destitution. Cependant une chose m'embarrasse :
comment se fait-il que l'on vous exhorte à agir de
telle manière dans la chaire chrétienne, et que l'on
vous conseille le contraire à la tribune nationale?
Pourquoi Monseigneur a-t-il arraché des larmes à

son auditoire, et que moi, en répétant ses paroles, je n'ai obtenu que des injures et des mauvais traitemens? Pourquoi enfin l'a-t-on regardé comme un saint homme qui enseignait la morale et prêchait les plus saintes vertus, et moi comme un jacobin et un séditieux digne de châtiment? Si vous daignez, monsieur, m'expliquer tout cela, vous obligerez celui qui sera, jusqu'au moment de votre réponse,

JEAN-LOUIS L'EMBARRASSÉ.